飲食店・ホテル旅館の

飲食を楽しくする プロの接客サービス帳

挨拶からクレーム処理まで、すぐに身につく

大田　忠道

まえがきに代えて

私の心構え

一、私は、いつでも、何処でも、誰にでも、笑顔で挨拶をします。

一、私は、全ての弟子に公平に接します。

一、私は、弟子達の健康管理に気を配り、チームワークのよい規律のある明るい職場を作ります。

一、私は、創意工夫し、出来ない理由を言う前に、出来る方法を考えます。

一、私は、協力していただく人たちに感謝し、よりよい関係を築きます。

一、私は、常に仕事の改善に取り組み、品質の向上とコストダウンを図ります。

一、私は、整理、整頓、清掃に努め、安全かつ清潔な職場をつくります。

一、私は、自己啓発に努め、自分自身の成長を促します。

一、私は、全ての人との会話に努め、情報を身につけます。

一、私は、結束して、料理研究に勤め、料理界のトップをめざします。

これは私が料理長になった時に、飲食サービスに生きる人間として自らたてた10カ条の心構えです。中でも一番最初に記したのが「笑顔の挨拶」です。

私たち飲食にかかわる者にとって、笑顔の挨拶は最も重要で、すべてのサービスがここから始まるのです。お客様に笑顔で接すれば、お客様の心は和み、飲食の場が楽しくなります。そしてお客様の心を掴み、再来店へとつながっていくのです。

さらに、笑顔で働けば、自分の心にも余裕が生まれ、店のスタッフとの仕事もスムーズに流れていくことになります。そこからお客様への最高のおもてなしが生まれていくと確信しています。

だから、私は今も笑顔の挨拶を守っています。おかげさまで多くのお客様にご好評をいただき、何度もお泊りやお食事にご利用いただけるようになっております。そこで、私が弟子にもスタッフにも言い伝え、実践しております接客サービスを1冊にまとめました。この本がサービス業に携《たずさ》わる皆様のお役に立てば幸いです。

大田　忠道

PART 1

お客様の心をつかむサービスの基本

PART 2

お客様に喜ばれるお出迎え、お見送りのサービス

PART 3

お客様が気持ちよく過ごすためのサービス

PART 4

メニューを上手にすすめる接客サービス

PART 5

料理提供時の接客サービス

PART 6

クレーム対応で店の価値が決まる

PART 7

好感度をアップする対応術

PART 1

お客様の心をつかむ サービスの基本

001

何よりも笑顔を大切に

接客の基本は笑顔に始まり、笑顔に終わるといってもいいでしょう。心からの笑顔があれば、接客をしたことのないまったくの新人であっても、お客様は気持ちよく過ごせるものです。そつがなく、所作も完璧、スマートな接客であっても、冷たく不愛想であったらかえってお客様を不快にさせてしまいます。ですから、まずは、お店全体が笑顔を大切に、従業員の方々同士も自然に笑顔で過ごせるような環境を整えておきたいものです。お客様のお出迎えからお見送りまで、笑顔で接していくことができれば、自然にお客様も笑顔になってくださいます。

はじめは、お客様の前では緊張から笑顔をつくることが難しい人もいるでしょう。日ごろから鏡の前で、また、従業員同士で笑顔の練習をしましょう。

002

「いらっしゃいませ」は元気よく！

明るく、元気な声の「いらっしゃいませ」と、静かで落ち着いた声の「いらっしゃいませ」では、お客様の受ける印象はまったく違います。特に初めてのお客様にとって、「いらっしゃいませ」の第一声によって、お店の印象を決める場合もあります。

もちろん、しっとりとした風情を売りにする高級店に、威勢のよさは必要ありませんが、明るい笑顔とともに発声される「いらっしゃいませ」は気持ちのいいもの。普段の声のトーンより、一段上げるだけでも受け取る印象が違いますから、ぜひとも人にきちんと伝わる「いらっしゃいませ」を心がけましょう。

003

魔法の言葉「申し訳ございません！」

「申し訳ございません」の一言は、お詫びの言葉であるのはもちろんのこと、クッション言葉にもなります。お客様へのお願いやお断りを柔らかくお伝えすることのできる魔法の言葉です。

お客様をお待たせした時や何かミスをした時にはスムーズに「申し訳ございません」の一言を。躊躇《ちゅうちょ》せず、咄嗟《とっさ》に出るくらいの気持ちでないと、お客様に誠意は伝わりません。

とはいえ、「申し訳ございません」が功を奏するのは、めったに使わず、ここぞという時に発せられるからこそ。「申し訳ございません」という言葉を必要としない、お客様を満足させる接客こそが大切なのです。「申し訳ございません」は、お客様の心をケアする魔法の言葉です。

たとえば、営業時間前に来られたお客様に「営業は6時からです」というよりも、「申し訳ございません。営業は6時からになります」というほうが印象がよいでしょう。満席時なら「申し訳ございません。ただ今、満席でございまして、30分ほどお待ちいただくことになります」と「申し訳ございません」がクッションとなり、お断りの言葉も和らぎます。

004 感謝の言葉「ありがとうございます」

どんな新人であっても、感謝の言葉を口にするよう徹底しましょう。「ありがとうございます」といわれて悪い気持ちになる人はいません。たくさんある飲食店やホテル旅館の中で自分の店を選んでいただいた感謝の気持ちを持っていれば、自然と口について出る言葉です。この気持ちを伝えるために、アルバイトやパートスタッフ、厨房スタッフも含めた全員で、お迎えやお見送りの場面で笑顔で「ありがとうございました」をスムーズにいえるよう、朝礼やミーティング時に練習しておきたいものです。

005

基本の接客用語 ①

「少々お待ちくださいませ」「大変お待たせいたしました」

席へのご案内、注文を受ける時など、お客様をお待たせする時には必ず、「少々お待ちくださいませ」の一言を。ただし、待っていただくことが当たり前のようなサービスでは逆効果です。お待ちいただくことに対しての感謝の気持ちと申し訳ないという気持ちを添えて発しましょう。

「大変お待たせいたしました」の一言も同様です。時間にすればほんの一瞬でも、お客様の貴重な時間を店の都合でお待ちいただくのですから、感謝の気持ちを忘れずに。この言葉もお客様に「待たされている」と感じさせないくらいの速やかな対応があってこそ、いずれも生きてきます。

006

基本の接客用語 ②

「かしこまりました」「恐れ入ります」

お客様のオーダーや要望に対しては、きちんと理解しているということを言葉で伝えます。それが、「はい、かしこまりました」という言葉です。この一言がなければ、自分の注文が通っているのか、お客様は不安になってしまいます。できるだけお客様のおっしゃっていることは一度で理解し、聞き返すことなく、「はい、かしこまりました」の言葉が出ればスマートです。

「恐れ入ります」は、お客様に話しかけるタイミングをはかる言葉として有効です。お客様同士で話がはずんでいる時などに、話しかける必要がある場合など、この一言があれば、間に入りやすくなります。

「かしこまりました」「恐れ入ります」ともに、普段使用しない言葉ですが、接客用語としてはとても便利な言葉です。

007

服装チェック

身だしなみチェック①

接客業にとって何よりも大切にしてほしいのが清潔感です。ユニフォームがある場合はもちろん、私服で接客する場合でも、よれよれだったり、どこか不潔感が漂っていたりすると、出される料理の魅力も半減してしまいます。ユニフォームに目立つ汚れはないか、だらしなく着ていないかなど、店がはじまる前には必ず鏡の前でチェックしましょう。〝白いものは白く〟が基本です。

サービス・スタッフだけでなく料理人も同じです。魚をさばいたり、泥付きの野菜を扱ったりと、仕込みの時間にユニフォームは汚れがちです。仕込み用と営業用の2種類を用意し、営業開始前に着替えるようにすれば、気分も変わり、客前に出てもお客様に不快な印象を与えずにすみます。

008

身だしなみチェック②

髪型チェック 爪チェック

身だしなみといっても、社会人として当たり前のことが当たり前にできていれば十分です。人並みの常識があればいいのです。ただ、その常識は自分から見た常識ではなく、お客様から見た常識でなければなりません。そこには新人だから、ベテランだからという区別はありません。

食べ物を扱う商売ですし、お客様に不快な印象を与えないためにも、不潔感のある髪型や爪の汚れは厳禁です。好みによるものでしょうが、散髪もしていないようなだらしない髪型、過度な長髪も私はきつく注意します。坊主にしろとはいいませんが、髪をかき上げるなどの行為はもってのほか。見るからに匂ってきそうな整髪料の使い過ぎも、料理人にとってはマイナスです。

009

身だしなみチェック③

お化粧チェック アクセサリーチェック

これも常識の範囲内でしたら特に気にする必要はありません。女性の場合は、派手な化粧はご法度ですが、かといって化粧なしでよいかというと、それもまた違います。品よく肌色をつややかに見せる化粧は、女性を元気に見せます。

ただし、女性でも男性でも香水はご法度です。飲食店では、料理の香りもご馳走の一つ。その香りを邪魔する、人工的な香りは慎みましょう。

アクセサリーも時と場合によりけりです。調理のスタッフはもちろん、サービスのスタッフも、器に当たってカチャカチャと不快音を出してしまう指輪やジャラジャラとしたネックレスなど、見苦しく感じます。スタッフはあくまでも脇役。お客様こそ主役という意識を持てば、おのずと選ぶアクセサリー選びも変わってくるはずです。

010

お辞儀は頭を下げる角度を意識する

「いらっしゃいませ」や「ありがとうございました」には、言葉だけでなく、動作も合わせると、お客様は「本当に大事に思われている」と心地よく感じます。ぜひ、実行してみてください。

ただし、ここで注意したいのは、その角度です。あまりに深々としたお辞儀では、堅苦しくわざとらしくなる上、お客様への目配りも行き届きません。この場合のお辞儀の角度は、20度くらいがいいでしょう。これも、だらだらと姿勢の悪いままに頭を下げても、歓迎の気持ちや感謝の気持ちは伝わりません。

若いスタッフならなおのこと、きびきびとした動きではつらつとした元気をお客様に届けてください。これは調理スタッフも同じです。調理場から客席に出る時は、必ず、一礼してから客席に入るようにしましょう。

011

立ち方で好感度がアップ！

お客様をお待ちしている時に足を組んだり、猫背で歩いたり、手をぶらぶらさせたりとそんなスタッフの姿は一緒に働く人間の心も萎《な》えさせます。その人の品格は立ち姿にも表れます。ちょっとしたことですが、立ち姿の美しい人を見るとこちらもすっと背筋が伸びます。

基本的な立ち方は背筋をすっとのばし、両足に重心をかけ、手を両脇につけます。お客様を待つ時間も、人を威嚇するように腕を組んだり、顎《あご》や髪に手を持っていったりするのはもってのほか。歩いているお客様のお顔を凝視してもいけません。小さく会釈できる程度の柔らかい態度、目線でいるようにしましょう。

これもなかなか自分では気づかないことですから、スタッフ同士がチェックしたり、上司が指導したりといったことが必要です。

012

挨拶は きちんと止まってピシッと

これも立ち姿と同じですね。何か作業しながらの挨拶はお客様におざなりの印象を与えてしまいます。だらしない姿勢、だらしない口調の挨拶も、挨拶をしないのと同じくらいマイナスです。

お出迎えの挨拶、お見送りの挨拶だけでなく、店の外でお客様に会った場合も、好感のもてる笑顔とともに挨拶を。挨拶をする際は、きちんと止まって姿勢を正し、少し改まって礼を尽くしましょう。深々と頭を下げる必要はありませんが、一度手を止め、しっかりお客様のほうへ体を向け、15度程度の一礼をします。この姿勢がお客様大事の心が伝わります。

また、挨拶は家庭や学校、職場で友好的な人間関係を培《つちか》うにも大切なものです。お客様に対してはもちろん、スタッフ同士の間であっても、目上の人だけでなく、同輩、後輩にも元気な挨拶をしていけば、職場内での人間関係もスムーズになるはずです。

013

方言も個性になる

日本各地には方言やイントネーションなど、地方独自の言葉の文化があります。テレビの影響か、日本の各地を訪れても、言葉が標準化され、地方色が薄まってきたのは残念なことです。地方を訪れたら、その土地土地の味覚とともに、土地の文化も味わいたいもの。ベテランのサービス・スタッフの方には、そうした旅のお客の心を熟知して、あえて方言を使い、温もりのある接客をしている方もいます。

また、地方から出てきたばかりの若いスタッフには、方言やイントネーションにコンプレックスを感じる人もいるでしょう。しかし、それがかえって、その人の個性となり、店の印象も深まります。その方言からお客様との会話につながっていくこともあります。店側もマイナスに感じることなく、個性として認めてあげると、その人の存在が生きてきます。

014

営業時のおしゃべりは控えめに

お客様を放っておいて、スタッフ同士でおしゃべりに盛り上がったり、ふざけ合ったりしていることほど気分の悪いものはありません。スタッフ同士、仲がよいのはいいのですが、慣れ合いをお客様には見せないよう注意が必要です。お客様がいらっしゃる場での業務連絡をする時にも、言葉遣いには十分気を付けましょう。たとえ、お客様が店にいない場合でも、おしゃべりに夢中になることなどないように。

営業中はいつお客様がいらしてもよいよう、仕事中であるという意識をもっていることが大切なのです。お客様がいらっしゃらないと気がゆるみだらけてしまいがちです。こういう時間こそ普段できない仕事をする時間にあて、緊張感を保った状態でお客様をお迎えしたいものです。

015

お客様の前では○○さん、○○くん

スタッフ同士が仲良くなればなるほど、馴れ合いの雰囲気がお客様に伝わってしまいます。それを防ぐためにも、私の店ではお客様の前でスタッフ同士があだ名で呼び合ったり、呼び捨てにしたりすることを禁止しています。親しき仲にもやはり礼儀は必要です。上司や女性スタッフの場合は○○さん、若い男性スタッフの場合は○○くんと呼び合うことで適度な緊張感を保ちます。その緊張感がお互いの仕事を向上させていきます。

016

1分間スピーチで会話力を鍛える

飲食店は、おいしい料理を提供するだけでなく、日常とは違った空間を提供する場でもあります。お客様がいかに快適に過ごせるか、楽しく過ごせるかはスタッフ一人ひとりの力量にもかかっています。お客様を楽しませるための会話力を鍛えるために私がおすすめしているのは、朝礼などの時間を利用した1分間スピーチです。たとえば、「今日、出勤するまでに何に感動しましたか？」など、その日のテーマを決めて、話をさせます。その話の内容や話し方をお互いに寸評し合えればなおいいでしょう。少しでも相手とスムーズに話ができるよう、自分の言葉で話をする訓練を積むことで会話力が磨かれていきます。

017

ごみを拾える人間になろう

サービスの基本は何も難しいことではなく、当たり前のことを当たり前のようにできればいいのです。きちんと挨拶ができて、人への気配りができれば、サービスとして成り立ちます。家庭や学校で教わってきたように、店でもごみが落ちていればごみを拾います。何も特別なことではありません。ただし、言わないでもわかると考えるのは間違いで、言わないとわからない人が増えているのも事実です。

なお、拾ったごみの行方はお客様も気になります。そこで、ごみを拾ったらすぐに捨て、前掛けやエプロンに入れておいたお手拭きで手を拭くなどすると清潔感もあってよいでしょう。

PART 2

お客様に喜ばれるお出迎え、お見送りのサービス

018 オープン前の最終チェック

お客様にお知らせしている営業時間は〝絶対〟です。お店の都合によって営業時間が遅くなるなど、決してあってはなりません。スムーズに店をオープンするために、チェック表を用意しておくといいでしょう。以下を参考にしてみてください。

オープン前チェックリスト

- □ 1　看板は出ているか（点灯も確認する）
- □ 2　表示板は出ているか（営業表示、メニュー表示など）
- □ 3　店頭は清潔か
- □ 4　打ち水や盛り塩など、お客様をお迎えする準備はできているか
- □ 5　玄関マットは出ているか
- □ 6　照明はすべてつくか（切れている場合は交換する）
- □ 7　テーブルは汚れていないか
- □ 8　テーブル上のセッティングはできているか
- □ 9　テーブルにグラグラはないか
- □ 10　椅子に汚れはないか
- □ 11　フロアに汚れはないか
- □ 12　備品は揃っているか
- □ 13　冷水、お茶の準備はできているか
- □ 14　おしぼりは保温されているか
- □ 15　伝票、ボールペンの準備はできているか
- □ 16　空調のスイッチは入っているか
- □ 17　室内換気のスイッチは入っているか
- □ 18　トイレットペーパーはあるか
- □ 19　タオル・ペーパーはあるか
- □ 20　掃除道具は片づけたか
- □ 21　ユニフォームは汚れていないか
- □ 22　帽子など身だしなみに乱れはないか
- □ 23　予約のお客様の人数や席の確認は取れているか

019

鏡の前で笑顔の練習を

店をオープンする前に、スタッフ全員で行いたいのが笑顔の練習です。スタッフ全員、毎朝、気分よく出勤できるとは限りません。前日の疲れが残っていることもあるでしょう。誰もが元気よく仕事を始めるためにもオープン前に笑顔の練習はおすすめです。

人は笑顔をあえて作ることで、気分も上向きになるものです。最初に表情ありきでいいのです。

笑顔といっても、にやけた笑いや卑屈な笑いは厳禁です。笑顔を向けられた人が自然に笑顔になるような、好感の持てる笑顔を鏡の前で練習してから、店をオープンしましょう。

020

出退勤時も お客様を意識する

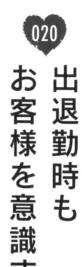

お客様が知っているのは、営業時間内のスタッフの姿です。感じのよい接客で好感を持っているスタッフが店の外で見かけた時に、不愛想であったり、だらしない服装であったりすると、その裏表にお客様はがっかりしてしまいます。

プライベートの時間も営業時間と同じように常にきちんとしている必要はありませんが、せめて店への出勤時や退勤時には、誰に見られても恥ずかしくないよう、人が変わったかのような服装や態度は慎みましょう。ジュースやお菓子片手に出入りしたり、携帯電話で話したりしながら店に入ってくるというのもやめましょう。従業員の態度が店の品格にもつながっていきます。

Q021

仕込みと営業時で服装を変える

前にも書きましたが、仕込み時と営業時で服装を変えることは、調理スタッフに〝見せる仕事〟を意識させるためにも有効です。料理人もサービス・スタッフの一員として考えれば、仕込みで汚れたユニフォームでホールに出たり、カウンター内で接客するなどありえないでしょう。ピシッと糊を効かせた白衣はそれだけで気持ちのいいもの。ぜひとも、営業前には、清潔なユニフォームに着替えてお客様をお迎えしてください。その姿に、たとえ経験年数の少ない料理人であっても、お客様の気分はよくなり、料理に対する期待は高まります。

022

テーブルをきれいに拭こう

店内を清潔に保つこともサービスの一環です。すみずみまで掃除が行き届いた店内はお客様のみならず、スタッフにとっても気持ちのよいもの。営業時間内に大がかりに掃除をすることはできませんが、テーブルをきれいに整えることは問題ありません。使用後のテーブルだけでなく、お客様をお待ちする時間もテーブルをきれいに拭き、必要な備品を揃える仕事は、新人スタッフにとっても取り組むべきサービスの一つです。

不意にお客様がいらした時も、一生懸命テーブルを拭く姿は好感を持って受け入れられます。

023

打ち水で お客様を迎える

日本料理店や和食店では、開店前の準備の仕上げに、玄関に打ち水や盛り塩をしてお客様を迎えます。お清めの効果もあり、掃除された玄関に水を打ち、盛り塩があるだけで、お客様もすがすがしい気持ちで店内に入っていくことができます。日本らしいおもてなしの心にあふれた習わしです。昨今のように飲食店の人手不足のなかでは、開店前もあわただしくそうした余裕もないかもしれません。打ち水は、真夏には空気をひんやりとさせる効果もありますから、ぜひともスタッフ同士で声を掛け合って、守り続けてほしい習慣です。

024

会計はできるだけスムーズに

来店されたお客様の印象を最後に決めるサービスが、会計時です。料理やサービスに対して、気持ちよくお金を払っていただくためにも、レジでお客様をお待たせせずに会計が済むよう対応します。また、伝票ミスや値段のつけ間違いなどから店への不満やクレームを受けることの多い場所でもあります。会計担当の役割は非常に大きく、接客に不慣れなスタッフよりも、ある程度経験を積んだスタッフのほうが安心できます。

025

釣銭の間違いをなくそう

最後の最後に釣銭のミスでお客様にいやな思いをさせないよう、お預かりしたお札が一万円札なのか五千円札なのか千円札なのか混乱しないよう、「〇万円お預かりします」「〇千円お預かりします」と必ず声に出して復唱します。それは小銭であっても同じです。

お釣りをお返しする際も、まず、お札から渡し、続いて細かいお金を渡すことで、お客様も確認しやすく、無駄な混乱がなくなります。また、レジに釣銭がなく、あわただしく走り回ることがないよう十分に用意しておくことも大切です。

万が一、釣銭の額についてお客様からクレームがついた場合は、お客様第一です。「申し訳ございません」とお詫びを入れ、お客様に従うしかありません。そのためにも極力クレームがつかないよう、ミスをなくすことが利益を守ることにつながります。

026

客席での お会計の場合は

レジでのあわただしさを防ぐために客席で会計をする店も増えています。お客様にとっても伝票を慌てることなく確認でき、お金の用意もスムーズにできるため、双方にとってプラスの多い方法です。

昨今ではカード払いのお客様も増えてきましたから、現金だけでなく、カードの受け渡しにも丁寧さが求められます。小盆などにのせ、カードは「大切にお預かりしました」という態度で取り扱います。カードをお返しする際には、旬の素材や料理などおすすめのものを書いたちょっとしたしおりなどを一緒にお渡しし、次回の来店に結びつけるとよいでしょう。

Q27

お見送りはスタッフ全員で

お会計も無事終わり、いよいよお客様がお帰りになる時は、スタッフ全員で感謝の気持ちを込めてお見送りします。全員が難しい場合も、手の空いたスタッフは一緒にお見送りに立ちましょう。この時も、料理の感想を聞いたり、次回のおすすめの食材などをアピールしたり、一言二言でも雑談できれば、より店やスタッフに対する親しみを感じてもらえます。お見送りの際にも「○○様」とお客様をお名前でお呼びできるとさらに印象が深まります。

この特別感が初めてのお客様を二回、三回と来店してくれるリピーター客へと変えることができるのです。どんなに忙しい場合でも、お見送りをおろそかにしてはいけません。

028

雨の日こそお見送り

雨や雪の日など天候の悪い時は、特にお見送りを大切にしましょう。お客様が傘をさす間は、こちらが傘をさして差し上げます。店を出られた後は、スタッフも傘をさしてお見送りし、足元の悪い中、帰られるお客様への感謝の気持ちを表します。

荷物が雨にぬれそうな場合は、デパートなどで雨の日に買い物袋にビニール袋をかけてくれるサービスをまねてもよいでしょう。お見送りの際に、鞄にビニール袋をかけて差し上げます。こういったサービスを積み重ねることで、お客様の店への信頼が高まります。

029

アンケートを次回の来店につなげる

店のサービスを向上させるには、お客様へのアンケートも効果的です。料理の味はどうだったか、サービスが適切であったかなど、簡単に書きやすい項目をアンケート用紙に並べ、五段階評価やコメントをいただきます。その際、お客様の連絡先を記入する欄も用意し、案内状などを送付してもよいかを確認しておきます。特に新規のお客様の場合は、書いていただくとよいでしょう。

さらに、アンケート用紙にはお客様の苦手な食材や嫌いな食材、好きな食材など、お客様の好き嫌いや飲み物の好みなど、スタッフが気づいたものも記入しておきます。お客様との会話の中で出てきたご家族構成、記念日、お子様の年齢なども忘れずに記入しておきましょう。

お客様についての情報を少しでも蓄積していくことで、次回来店時の料理やサービスの参考になります。

030

お礼状や案内状は手書きで一言

住所やメールアドレスなど連絡先を教えていただけるお客様にはお礼状や案内状を送付します。できれば、ご来店後、3日以内に送付しましょう。住所がわかるならば、やはり手書きにまさるものはありません。

この場合、テーブルを担当したサービス・スタッフが書きます。お店から機械的にお出しするよりも、来店時のお客様の様子を知っている担当者が少しでも親しみをまじえて書くほうがぐっと効果が増します。

ただし、何かクレームがついたり、お客様への失礼があったりした時のお詫び状の場合は、店の責任者の名前で出すのが鉄則です。お詫びの手紙を一スタッフに任せてはいけません。責任の所在を明確にする必要があるからです。

PART 3

お客様が気持ちよく過ごすためのサービス

031

スムーズに座席へ誘導を

お客様がいらっしゃったら、「いらっしゃいませ」の声とともに迎え入れ、お客様がとまどうことなどないよう速やかに席へと誘導します。お待ちいただく場合は、必ず「少々お待ちください。ただいまご案内いたします」などの言葉がけをし、お客様を不安にさせないようにします。「レストラン・お食事処の場合、「何名様でございますか」と確認させていただき、的確な席へ誘導できるようにします。

ご案内しない場合も、「あちらのお席へどうぞ」と手で指し示してご案内します。特に初めて来店したお客様は、店の勝手がわからず、心細いものです。「どちらでもお好きな席へどうぞ」でも構いませんが、店側から誘導したほうが親切です。

032

満席の場合もお待ちいただくご案内を

せっかく来店していただいたのに満席の場合があります。このときの対応次第で次回また足を運んでいただけるかどうかが決まります。まずは、「申し訳ございません。ただいま満席でございます」と丁重にお詫びすること。

さらに、お待ちいただけるなら、できるだけ正確な見込み時間を伝えること。特に忙しいランチタイムなどは、お客様にとっても食事と休憩を兼ねた貴重な時間です。十分待つのか、二十分待つのか、待たされる側に立って丁寧に対応します。

033

お年寄りや体の不自由な方には手を添えて

お年寄りや体の不自由な方は、店の中のちょっとした段差もつまずきの原因になることがあります。席へご案内する際には手を添えるなど、お客様の負担にならない程度に介助する気遣いが必要です。

店づくりの観点からはバリアフリー化が望ましいですが、スタッフの気遣いがあれば、歩きにくさや移動のしにくさを感じているお客様にも使いやすい店にすることが可能です。スタッフ全員にそうした意識を高めておくとよいでしょう。

034

名前でお客様を呼ぶと親しみがわく

予約時に名前がわかっているなら「○○様」と名前で呼ぶようにすると、お客様と店の距離が縮まります。「お客様」と総称されるより、個人名で呼ばれたほうが、関係がより近く感じられ、店への親しみを覚えるようになるからです。ただし、仲の良い常連客をあだ名で呼んだり、ちゃん付けにしたりするのは、周りのお客様を不快にさせます。仲が良くてもお客様はお客様。一線を画すことで、どのお客様にも均一のサービスを届けることができます。

035 ケータイ入れを準備する

フェイスブックやツイッターに投稿したり、記念に写真を撮ったりと、携帯電話をテーブルに置いたままお食事やお酒を楽しむお客様が増えてきました。少し前には考えられない光景ですが、今では当たり前のように行われています。この携帯電話の存在がサービスにとってはなかなかやっかいです。

お客様のプライベートがつまったものですから、勝手に触って移動することもできません。旅館の部屋の場合は、貴重品などをのせるトレーなどを常備しておきます。この発想でテーブル上に携帯電話をのせておくことができるような入れ物を用意しておくのもいいでしょう。家庭でリモコンなどを整理しておく小物入れの発想です。

036

白いクロスで匂い移りを防止

焼肉店、焼鳥店など、もうもうと上がった煙や匂いがご馳走になる業種だけでなく、厨房と客席が近い店でも、意外にお客様の着ているものや持ち物に匂いは移っています。店内にいる時には気にならない匂いも一歩外に出ると、上着や持ち物についた匂いが気になりはじめます。

できるだけお客様に不快な気持ちを感じさせないよう、荷物入れなどに置いた持ち物には白いクロスなどをかけたり、専用の荷物ボックスを用意したりして匂い移りを防ぎましょう。ちょっとした配慮をすることで、お客様には喜んでいただけるでしょう。

037

ジャケット類には ビニールなどをかけて

お客様のジャケットやコートなど上着はシワにならないようハンガーにかけて保管する店が多いかと思いますが、さらにクリーニング店から戻ってくる時のように、ビニール袋をかけておくと、不意の汚れや匂い移りを防ぐこともできます。

ジャケットやコートは意外にかさばり、置き場所に困ります。これが邪魔になってこちらのサービスに支障が出てはいけません。

ハンガー掛けにつるしたり、お預かりしたりするだけでは他店となんら差がつきません。ここまですることで、さらに店の印象を高めることもできるのです。

038

寒い季節には ひざ掛けを準備

特に女性客は冷えに弱い方も多いので、冬場や肌寒い日には、ひざ掛けをお渡ししましょう。暖房の効いている室内とはいえ、窓際の席など足元に冷気が入ってくる場合もあります。

反対に真夏の場合は、冷房の温度設定にも気を配ります。暑がりの男性に合わせて冷やしすぎると、女性客は寒いと感じる場合もあるようです。この時も、ひざ掛けがあると便利です。冷房によって寒いと感じているようなら、すかさず、「ひざ掛けをお持ちしましょうか」と、声をかけてお持ちします。

ただし、不潔感のあるひざ掛けでは逆効果ですので、清潔で温かい素材のひざ掛けを用意しておきます。

039

雨の日は傘やぬれた靴に気配りを

雨の日はお客様にお渡しできるようタオルやおしぼりを用意しておきます。ぬれたお客様に手渡して拭いてもらい、少しでも快適に過ごしてもらいましょう。ぬれた傘は傘立てに入れていただくことになりますが、パッと水を取る傘のしずく取り機などを用意しておくと、お帰りに傘を差す時にぬれずにすみます。

靴も同じです。差支えがなければお預かりし、靴専用の乾燥機で乾かして差し上げます。お客様は足元がぬれたままお食事しなくてもよく、お帰りの際には、乾いた靴を履いてお帰りいただけます。

040

お客様の名前の覚え方

お客様を名前でお呼びすると、店に対して親しみをもってもらえると前にも書きました。予約のお客様の場合は、お名前がわかっているので、「○○様お待ちしておりました」などの一言を添えます。二度目、三度目にご来店のお客様の場合は、お客様側も顔を覚えてもらっているのか、名前を覚えてもらっているのか半信半疑でいます。そんな時に名前で迎えてもらえると大変うれしいものです。

お客様の名前を覚えることは難しいものですが、接客した時に仕入れた情報やお客様の特徴は、スタッフの間で共有できるよう、顧客管理のノートにメモしたり、ミーティングの際に教え合ったりするとよいでしょう。お客様と記念写真を撮っておくのも一案でお客様の顔と名前が一致しやすくなります。

041

お客様との接し方①

男女客

ご夫婦やカップルのお客様など、男女のペアでご来店される場合、男性スタッフが女性になれなれしく接するのは厳禁です。反対も同じで、女性スタッフが男性に必要以上に話しかけるのは控えます。どちらも一方のお客様にいやな気持を抱かせるので、男性・女性どちらのお客様にも同じようにサービスします。

お客様との接し方②

042 家族客

現代の家族客の主役はお子様です。祖父母やご両親、子供と一緒にやってくるお客様の中で主導権を握っているのはお子様客です。お子様が気に入らないと、祖父母やご両親の評判も落としてしまいます。

ファミリーレストランほどではなくとも、ちょっとしたお子様サービスを用意しておくと、お子様は喜びます。料理を待っている間にお子様が飽きないよう絵本や折り紙、帰り際のちょっとしたおもちゃや飴などもよいでしょう。

043

お客様との接し方③

常連客

一口に常連のお客様といってもさまざまです。純粋に食事を楽しみたい方、カウンターで店主やスタッフとの会話を楽しみたい方など…。店との適度な距離感を保ちながら通ってくれるお客様ばかりでなく、店からの特別なサービスを受けるのが当たり前と考えるお客様もいらっしゃいます。

店側もなじみ客には気安さがありますが、他のお客様が嫌な気持ちになるような馴れ合いはよくありません。常連のお客様に対し、初めてのお客

様のような対応はよくありませんが、常連客との会話やサービスはほどほどにし、すべてのお客様への気配りを大切にしましょう。

044

お客様との接し方 ④

新規客

新規のお客様は未来のお得意様です。第一印象が大事といわれるように、次回の来店があるかどうかは、最初にご来店した時の接客にかかっているといってもよいでしょう。お得意様ばかりと差をつけたサービスをすることはもってのほかで、まずは当たり前のサービスを当たり前のように行うことを心がけます。

045

料理長が客席を回ってご挨拶を

料理や食材の情報があふれている現代では、料理長が直接お客様に料理の説明をすることが大きなサービスになります。料理長の口からどんな食材であるか、どんな料理であるか、どんな調理法であるかなど聞くことで、さらに料理の価値が高まるのです。

料理長やシェフは頃合いを見計らって客席を回る時間をつくり、挨拶しながらお客様の質問にも積極的に答えて差し上げます。お客様がお帰りになる際にも料理長やシェフが見送りに立ち、お客様と一言二言言葉を交わすだけでも違います。その時のお客様の率直な感想がまた、料理やサービスの質向上に大変に役立ちます。

PART 4

メニューを上手にすすめる接客サービス

046

商品知識を身につける

食事をより楽しむために、料理や飲み物の知識を吸収したいというお客様が増えています。実際に、スタッフよりも豊富な知識をお持ちのお客様は多いのです。メニューにのっている料理や飲み物について、ある程度材料や特徴などを知っていないと、オーダー時にお客様の質問に答えることはできません。

時間がある時に、少しずつでもスタッフが試食することで、「私も試食しましたが、○○の風味でおいしいですよ」とスタッフ自身の感想を交えて説明することができ、販促につなげていくことになります。

047

見やすいメニュー表にしよう

お客様の注文のしやすさを考えると、メニュー表の見やすさも重要なサービスのポイントです。カラーのメニュー表なら、料理をイメージしやすく、料理の説明がなくてもお客様は選びやすくなります。そうでなくても、料理名とともに、ちょっとした料理の説明が添えられていると、お客様に食べてみたいと感じてもらえます。

特に昨今では、産地にこだわるお客様も多く、「北海道厚岸産のカキ」や「駿河湾産の桜エビ」などのように産地も明確にするとよいでしょう。そこからお客様との会話も広がっていきます。

048 外国人のお客様にもわかりやすく

２０２０年の東京オリンピックもあり、東京ばかりでなく、全国でますます外国人のお客様が増えることが予想されます。現在もアジアからのお客様が格段と増えていますが、もっとグローバルになっていくと思われます。外国語に強いスタッフがいれば心強いですが、そうでなくてもメニュー表に英語併記はもちろんのこと、中国語や韓国語などのメニューも用意しておくと、スムーズに対応できます。

049

おすすめメニューを用意しよう

おすすめメニューは目玉商品ともいえます。その日の仕入れによって普段メニューにのっていない料理を用意し、限定10食や限定20食など限定販売にします。○食限定と制限があれば、食べなければ損だという心理が働き、お客様も思わず注文したくなります。「今日は○○が入っています」「お客様の郷土の○○が入っています」といったアピールも有効です。

さらに、お客様に喜ばれるのが〝裏メニュー〟という言葉。表には出ていないメニューに心惹かれるお客様は多く、そういった料理もあれば、お客様の楽しみも広がります。

050

季節メニュー、日替わりメニューを取り入れる

お客様に何度も足を運んでもらうためには、季節メニューや日替わりメニューを用意しましょう。特に週に何度も来てくれるお客様も多い店では、固定メニューのほかに日替わりメニューを用意します。日替わりのメニューが存在することで、「今日の日替わりはなんだろう」とお客様は楽しみにしてこられます。

季節メニューも同様です。高価格帯の店では、月に一度、季節ごとに一度と通ってこられるお客様の楽しみは季節の味覚にあるといってもいいでしょう。旬の食材を使った見た目にも季節感あふれる料理でお客様をおもてなししてください。

051

食材を籠に入れてアピール

魚貝や肉、野菜など、見るからに鮮度がよく、品質のよい食材はお客様に料理への期待を抱かせます。現代のお客様は食材を見る目のある方も多く、せっかくの自慢の食材は籠などに入れて積極的にアピールします。それによってあれが食べたい、これが食べたいとお客様の食欲を刺激し、注文意欲も誘います。

その日のおすすめの食材を籠で客席に持ち出し、お客様に説明してもよいでしょう。食材を選んで料理してもらうという、贅沢な時間をお客様に提供できます。

052

ワゴンサービスはうれしいサービス

デザートや飲茶の点心など、客席をまわるワゴンサービスは、実際に目で見て注文できるというお客様にとってうれしいサービスです。デザートの盛り合わせなどはその場でカットして盛り付け、ソースやトッピングをかければライブ感があり、お客様も盛り上がります。

私の店では、朝食にだし巻き卵をワゴンで作り、できたてをすぐに召し上がっていただいています。コンロを持ち出し、通常通り、調理するだけですが、お客様の目の前で焼き上げるパフォーマンスが好評です。調理の様子は店が思っている以上に魅力があるようです。

053

オーダーミスは メモと復唱で防ぐ

オーダーを受ける時は必ず伝票を持っていき、メモすることが大切です。まだサービスに不慣れなスタッフならなおのこと、すぐにメモをしなければ忘れてしまいます。

お客様はベテランか新人であるかの区別なく、不意にオーダーされる場合もあります。いつオーダーが入ってもいいように伝票はポケットに入れておくといいでしょう。

また、オーダーを受けた時は、必ず、復唱するようにすれば、お客様と一緒に確認もでき、オーダーミスを防ぐことができます。

054

オーダーの通し方は正確に

大手のファミリーレストランや居酒屋のように、ＰＯＳシステムの場合ならともかく、口頭で厨房に注文を通す場合には慌てずに正確に伝えなければなりません。サービス・スタッフはベテランばかりとは限りませんから、オーダーが混み入ってくると、どうしてもバタバタとしてしまいます。「オーダー入ります」の声とともに、料理名と注文数を正確に発声しましょう。さらに、サービス・スタッフのオーダーに対して調理スタッフがきっちり復唱する流れを作ると、スタッフ間でのオーダーミスが格段に減らすことができます。

055 苦手食材を必ずお聞きする

料理をおいしく召し上がっていただくため、オーダーを受ける際には、苦手な食材がないかを確認しておきましょう。ご予約のお客様の場合は、予約の電話時にお聞きしておきます。

056

アレルギー対応は当たり前

食材に対してアレルギーをお持ちのお客様も多くいらっしゃいます。店にとっては思いがけない食材でアレルギーを起こされるお客様もいらっしゃいます。

そういったお客様は自分の食べられないもの、アレルギーを起こす食材をよくご存じですから、予約や注文の場合に伝えてくれることも多くなりました。そうした場合、皆さまご一緒で召し上がるコースの料理に代替の料理を必ず用意しましょう。お客様にとっては命にもかかわる問題です。

057

ハラール対応などの知識も必要

外国からのお客様の中には欧米やアジアからばかりでなく、中近東やインドなど多様な国からいらっしゃいます。ハラールなどの宗教上の理由から豚肉禁止など、食材や調理法に制限がある場合もありますから、そうした知識も学んでおくことも必要です。接客係の人は店でどこまで対応できるのか調理師に確認しておくとよいでしょう。

PART 5

料理提供時の接客サービス

058

アラカルトはおいしく食べられる順番で

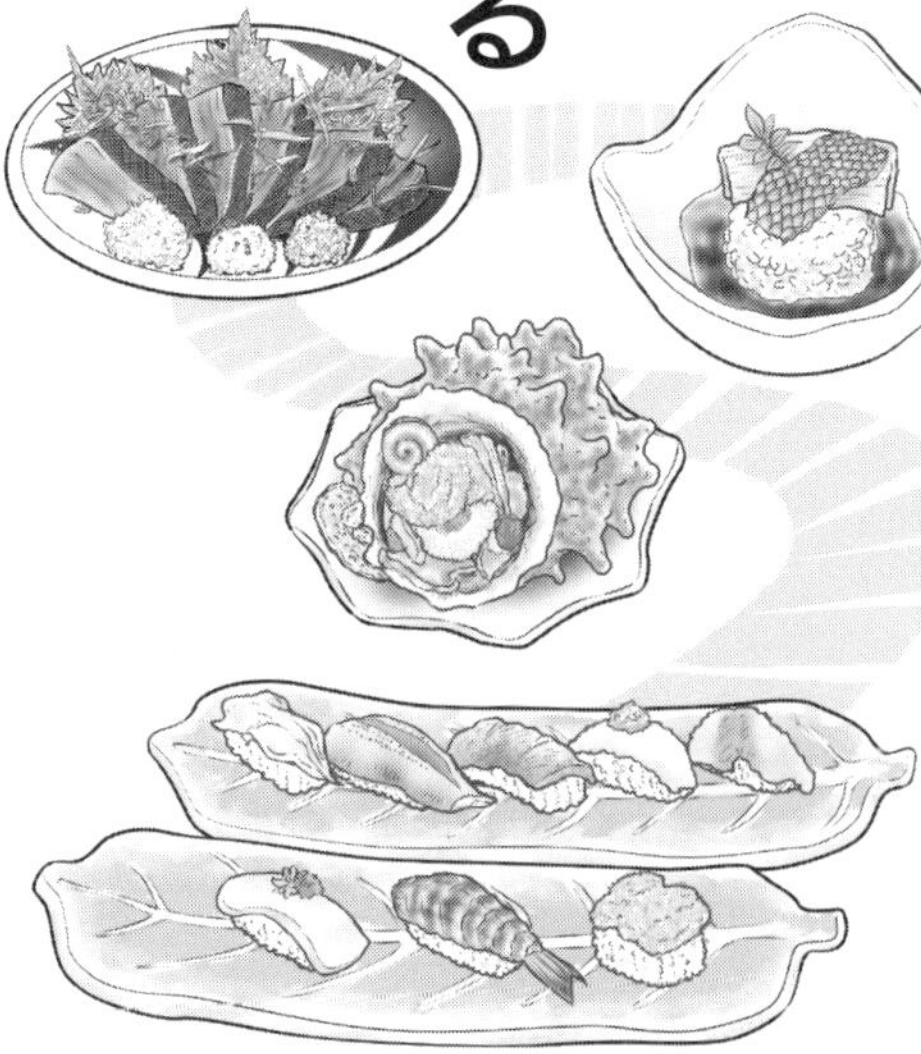

コースで提供する場合は問題ありませんが、アラカルトで注文された場合、料理の提供の順番には気をつけましょう。前菜やサラダなど軽めの料理からスタートし、メインとなる肉料理や魚料理へと、コースの順番を意識してお出ししていきます。ごはんものなどは〆の食事に。

また、最初から濃厚な味、辛味の強い味をお出ししてしまうと、他の繊細な味付けの料理をよく味わうことができなくなってしまうので、味付けも考慮してお出ししていくと、すべての料理をおいしく召し上がっていただけます。

お出しする料理に順番を考えるのも重要なサービスなのです。

059

熱い食器にはお出しする時に注意喚起を

現代では、食品だけでなく電化製品やおもちゃなど、ありとあらゆるモノに使用上の注意がこと細かく書かれています。料理も同じです。

熱々の鉄板や熱い汁を張った料理など、手で触れたり、口に触れたりするとお客様がやけどしてしまうことも考えられます。受け皿の上にのせ、熱い汁や料理がお客様に飛び跳ねないよう持ち運びに注意するとともに、お客様には「お熱いですからお気をつけください」と一言添えてお出しします。この一言でお客様からのクレームを防ぐこともできます。

060

食べにくい料理は食べやすく（殻や骨など取り除く）

お客様が食べるのに苦労するような料理は出さないことが鉄則です。カニや小骨の多い魚は殻や骨を取り除いたり、食べやすく庖丁を入れたりと、お客様にストレスなく料理を味わっていただけるように心を配りましょう。

手でつかんで食べやすい料理の場合は、おしぼりやフィンガーボウルを忘れずにお出しします。お子様や女性客の場合は男性客よりカットを小さくすると喜ばれます。お子様用に1カンのにぎりを半分に切って出すサービスが好評なすし店もあります。

Q61

熱いものは熱く、冷たいものは冷たく

当たり前のことですが、熱い料理は熱い状態で、冷たい料理は冷たい状態でお出しします。客席にお持ちする間に生ぬるくなってしまっては元も子もありませんから、できたてを素早く運びましょう。

器を温めたり冷やしたりしておくことも大切です。刺身や生ガキなどは鮮度を保つ上で氷の上にのせたり、ぐつぐつと煮立ったところを食べてもらいたい煮物や焼き物は卓上コンロで温めたりすると、最後までおいしさを保ったままで食べていただけます。

062

ボリュームで満足感を出すのも大切

量より質とはいいますが、量の満足感というものもやはりあります。よく食べるお客様やランチのお客様にとって、一品の量があまりに少ないと物足りないという印象になってしまいます。人数でシェアして食べる場合も同様で、数が少ない、取り分ける量が少ないでは、「あの店はボリュームが少ない」と敬遠されてしまいます。少ない、物足りない、おなかがいっぱいにならないは、まずい、味がよくないと同じくらいお客様にとって重要な問題なのです。

063

食べられる量には個人差がある

量が多すぎるというのも問題です。現代では女性一人、男性一人と一人客のお客様が増えています。お一人でもいろいろな料理を味わってみたい、お酒との相性を楽しみたいとやってきているのに、一品で食べきれないほどの量が出てくると、それだけで食欲が減退するお客様もいます。食べられる量は人それぞれですから、ハーフサイズや盛り合わせを用意することも、お客様に喜ばれるサービスの一つになります。

また、なじみのお客様であれば、お酒の量、お食事の量もある程度わかってくると思います。通常とは少し違う〝自分に合った量〟が出てくるというのは、特別感があり、お客様には喜ばれるものです。

064

客前調理で ライブ感ある演出も

ニュースなどに取り上げられることも多い「マグロ解体ショー」は大人も子どもも大盛り上がりのイベントです。正月の餅つきもそうでしょう。そこまで大掛かりではなくても、普段は厨房内で行われる調理の一部分を客前で行うと、とても喜ばれます。

前にも書いただし巻き卵の実演もそうですが、ステーキを焼いたり、すしを握ったり、液体窒素を使ってアイスクリームを凍らせたり…。好きなネタを選んでもらったり、お声かけしたりすることで、お客様も和やかにお食事の席を楽しんでいただけるでしょう。サラダを和えたり、ソースをかけたりといったことでも目の前で見せられると、何かの実験のようなワクワク感をお客様に感じてもらえます。

065

時にはイベントで盛り上げる

街全体が盛り上がるクリスマスやハロウィンなど、日本人は意外にイベント好きです。店でも独自のイベントをいろいろ企画していくと、普段の営業のお客だけでなく、新規のお客様を呼び込むことにつながります。節分やひな祭り、お花見、端午の節句など季節ごとの行事やワインの会や日本酒の会、サンマ祭り、フグ祭り…と工夫次第でイベントは作り出せます。通常営業の合間にこうしたイベントが入ると、スタッフの士気もあがり、店の活気につながります。行事に合わせてコスプレするなど、自分たちも楽しむことで、お客様にその楽しさが伝わっていきます。

066

時間がかかる料理は目安をお伝えする

注文から提供まで時間がかかる料理は、あらかじめ提供までの時間の目安を伝えます。料理がなかなか来ないと忘れられているのではないかとお客様を不安にさせるからです。仕上がりまでに時間がかかる料理は、注文時のメニュー説明の際にあらかじめその旨《むね》を伝え、早めに注文して早いただくことをおすすめします。10分以上お待たせする場合は、お飲み物と一緒に素早く提供できるサイドメニューをおすすめするといいでしょう。

067

時間の目安をメニュー表で知らせてもいい

口頭で提供時間をお知らせするだけでなく、メニュー表でお知らせしておくとお客様のメニュー選びにも役立ちます。メニュー表で「お待たせしません」「すぐ出せます」「クイックメニュー」「お時間いただきます」など、時間で区分けしておくと、「この料理を待つ間にこちらの料理を」とお客様が選びやすくなります。

あらかじめ時間がかかるとわかっているので、提供時間が遅くてもクレームになることはありません。

068

食事客と酒客の時間の違いを把握しよう

食事のお客様とお酒のお客様とでは、同じ料理を召し上がるにしてもかける時間が違います。お酒のお客様は料理と一緒にお酒を楽しみたいのですから、せかされるように料理を出されてはゆっくりお酒が楽しめません。

逆にお食事のお客様にはそうした間がありませんから、リズムよく料理を出したほうが喜ばれます。

利用目的に応じて料理を出すタイミングをはかることも大切なサービスといえます。

069 取り皿の交換はスムーズに

取り皿は交換してもらえるのか、こちらから声をかけるべきなのかと、お客様も遠慮している場合があります。せっかくの料理をおいしく召し上がっていただくためには、前の料理と味が混ざってしまわないよう、食べ終わったころを見計らって交換します。そこまで手が回らない場合は、自由に交換していただけるよう余分に取り皿を置いておきます。この場合も使い終わった取り皿は速やかに下げます。

070

左利きには
左利きのセッティングを

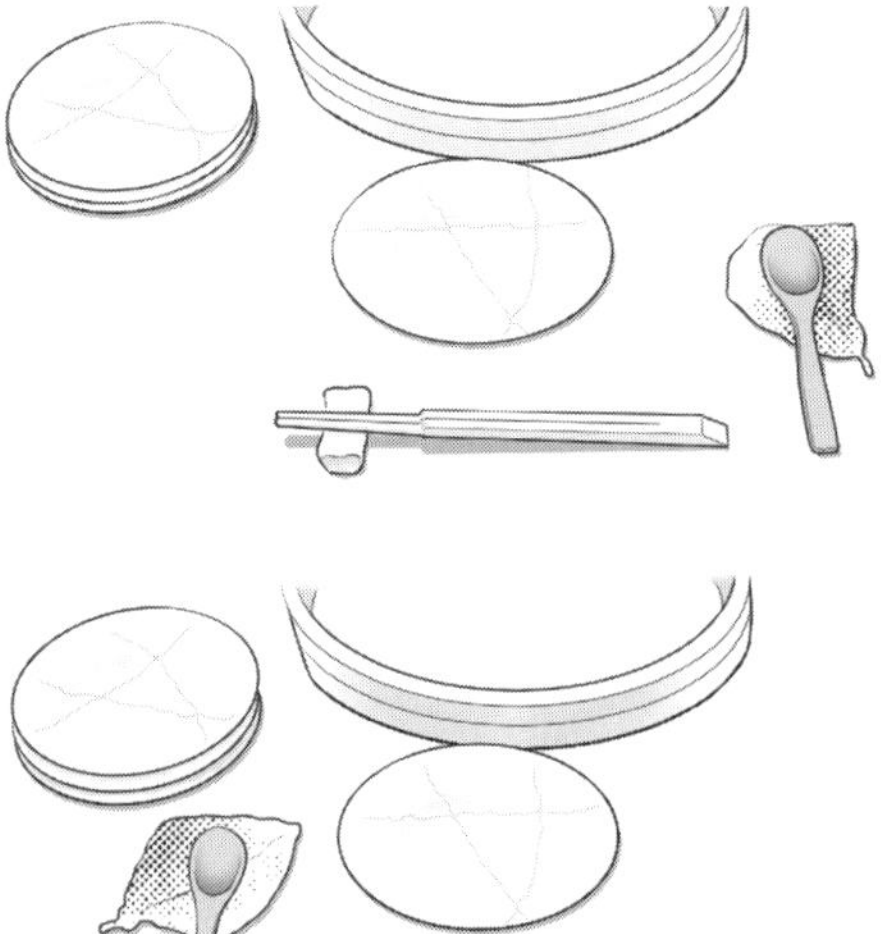

テーブルのセッティングは、お箸であってもシルバー類であっても右利きの人を前提にしています。もしあらかじめお客様が左利きだとわかっている場合には、左利きの人が使いやすいセッティングにするとよいでしょう。

左利きの人への配慮をする店を見たことはあまりありません。ちょっとしたことですが、他店との差別化につながります。

071

ガチャガチャ音はご法度

料理やドリンクをお出しする時のコツンとした音や、食べ終わったあとのお皿やシルバー類を下げる時のガチャガチャとした音はお客様にとって大変耳触りなものです。自分たちの会話や音楽とは違った金属音は雑音なだけです。できるだけ雑音を立てないようお皿やシルバー類の扱いには十分注意します。

片づけをする場合も、まだ自分たちが食事をしている時に隣をせわしく歩き回られたり、慌ただしく片付けられたりしては、「自分たちも早く食事を終わらせたほうがよいのか」という気持ちになります。店が混んでくるとどうしてもお皿やシルバーの扱いも雑になってしまうので、忙しい時こそ片付けには丁寧さを心がけましょう。

072

傷のある器はいつまでも使わない

お皿の縁が欠けていたり、割れ目が入っていたり…。これは決してあってはならないことです。お客様にけがをさせてしまう恐れもあります。まだ使えるとかもったいないとか躊躇《ちゅうちょ》せずに思い切って処分します。残しておくとまた使ってしまう可能性があるからです。

器に傷がなくても、私どもの店では定期的に器を替えていくことをしています。古びた器をいつまでも使っていては、料理もなぜか古びたように見えてきます。新しい器は料理人の気持ちも引き締めるものです。

073

器の中には指を入れない

当たり前のことですが、グラスやお皿などお客様の口の触れる場所に手や指が触れることのないように気をつけましょう。万が一、口の触れる場所や料理に手が触れているのをお客様が見てしまうと、お客様の食欲は半減してしまいます。おいしそうだという前に気持ち悪さが先だってしまうのです。

片手で器をつかんで出すと、知らぬ間に器のフチに手がかかってしまうことがよくあります。両手で器の側面を持ってお出しすれば、指がフチから中に入ることはありません。決して器の中に指を入れたり、触ったりすることのないよう気をつけましょう。

074

大皿盛りは小さい皿に盛り替えていく

宴会やパーティーでは、大皿で料理を提供することが多くなります。お客様がどんどん料理を取っている間はいいのですが、だんだん料理も減って料理を取るお客様が減ってきたら、サービス・スタッフが率先して小皿に取り分けるようにします。いつまでも大皿のままで置いておくと、料理の鮮度が損なわれ、売れ残っている印象を与えてしまいます。小皿に盛り替えることでお客様に均等に行き渡りやすくなります。

料理を出す時、取り皿を交換する時にも言えることですが、ただ入れ替えをするのではなく、テーブルの上が常に美しく、お客様が食事しやすい配置を心がけることが大切です。

075

お皿を下げるときは必ず声を掛けて

食べ終わった食器を下げる時には、必ず「失礼します。お下げしてよろしいでしょうか？」と声をかけましょう。お客様は意外に居住まいを直したり、手や足を動かしたりしています。声を掛けずに手を伸ばすと、お客様にぶつかってお皿やグラスを落としてしまう可能性もあります。

また、お皿に残ったソースをまだ召し上がろうとしているタイミングかもしれません。安心してお皿を下げられるよう、「お下げいたします」の一言が大切です。

076

食べ残しの理由は嫌みなく聞く

料理がほとんど残って戻ってくることがあります。団体様の宴会料理などはまだしも、お客様がせっかく注文された料理にちょっと手をつけただけで残されるには、何かしらの理由があるはずです。これを気にも留めず、そのままにしたのでは理由がわかりません。

「お好みに合いませんでしたか？」「お料理がお気に召さなかったでしょうか？」と、ためらわずにさらりとお聞きすると、「味が合わなかった」「思っていた料理と違っていた」と率直に教えてくれるお客様も多いものです。お料理をお出しする前に自分の好みを言うお客様は少ないものです。

理由をお伺いした上で、〝次回はこんなものを用意しておきます〟など、お口添えしてみましょう。

PART 6

クレーム対応で店の価値が決まる

Q77

クレームには好感のもてる謝り方で

どんなに完璧に接客していても、クレームがつかないということはまずないと考えたほうがよいでしょう。年々クレームや文句をつける人が増えてきたと実感する経営者の方も多いと思います。お客様のクレームの中にはこんな些細なことで思えることもあります。それでもお客様からクレームがついたら決して言い訳はせず、まず謝ります。

次に、お客様のお話をしっかりとお聞きすること。遮《さえぎ》らずに最後まで聞きます。立ち方、姿勢、表情の一つ一つにも気を付け、クレームであってもしっかりと対応するという気持ちを全身で表します。

078

客席が気に入らないと言われた時の対応法

予約のお客様なら窓際の席や落ち着いた席、子ども連れのお客様なら他のお客様に迷惑のかからない席など、店側も配慮して席をご用意します。そうでない場合、すべてのお客様の希望に沿ってご案内できるとは限りません。ご案内した席が気に入らないとクレームがついた時は、店が空いているなら好みの席を選んでもらいます。混んでいる場合は、「申し訳ございません」とお詫びしてから、きちんと事情を説明します。

079

料理の提供が遅いというクレームの対応法

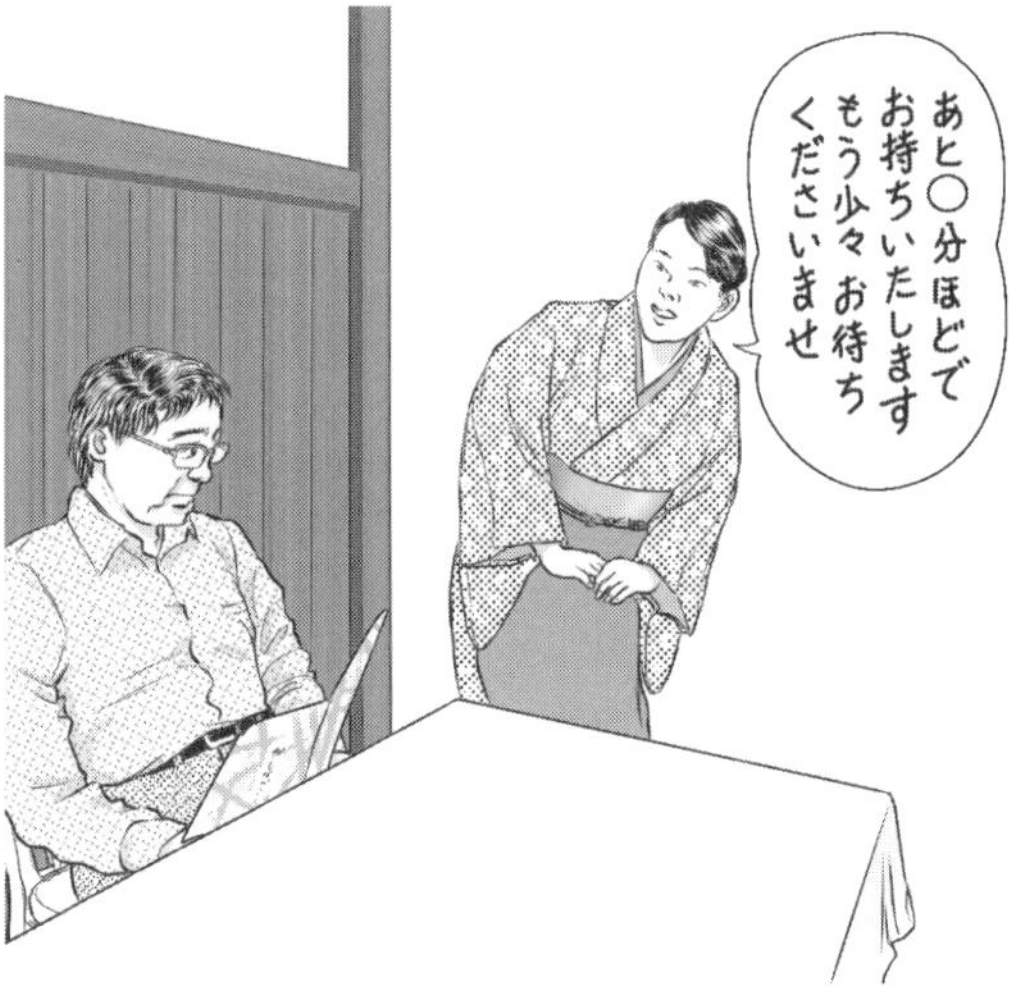
あと○分ほどで
お持ちいたします
もう少々お待ち
くださいませ

提供時間の遅れに対する文句が出る前に、オーダーの際に時間のかかる料理は、店の混み具合も考慮して提供までの時間の目安を伝えておくと、お客様も待つ心の準備ができます。そうではなく、店がうまく回っていないために遅くなった場合、後からきたお客様に先に料理を出してしまった場合など、お客様はよくごらんになっていますからクレームにつながります。

これは店側のミスですから、速やかに謝り、「あと〇分でお待ちします。もう少々お待ちくださいませ」と、言い訳をせずに料理をお出しすることを最優先します。

080 オーダーミスのクレームに対応する

本来、あってはならないミスです。お客様にご迷惑をかけるばかりか、店にとっても損失になります。これも注文を受ける際の復唱やメモで防げることがほとんどなので、サービスに慣れてきても徹底して行います。この時、どのお客様がどの料理を注文されたかまできちんと把握できれば、「○○はどちらのお客様でしょうか」と聞くことなく、スムーズに料理を出すことができます。

また注文伝票にイスのナンバーなどをつけられるようにするのもよいでしょう。それでもオーダーミスが生じてしまった場合は、「申し訳ございません。ただいまお持ちします」と速やかに対処します。

081

異物が入っていないかチェックを

料理やドリンクに髪の毛や糸くず、虫などが入っているということは絶対にあってはならないことです。店内を清潔に保つこと、スタッフの髪型や服装を整えること、仕上がりの料理を確認することなど、お客様にお出しする前段階のチェックでまずは防ぐことが大切。

それでも起こってしまった場合は、お詫びして新しく料理を作り直します。想定していた料理を口にできなかったというのは心の満足だけでなく、お腹の満足も得られません。たとえ「もういいです」とおっしゃる方にも、すぐに交換するか、お帰りの際に何か帰ってから召し上がっていただけるような一品をお渡しできるようにしてください。

082

自分で処理できないクレームには責任者をすぐに呼ぶ

料理に虫が入っていた、店でけがをしたなど、クレームの中でもスタッフ一人では対応しきれないものがあります。また、すぐにお詫びして対処しても納得されない、怒りがおさまらないお客様もいらっしゃいます。その場合はすぐに店の責任者を呼びます。お客様は一スタッフよりも、責任者に責任を取ってもらいたいと考えます。

お店の責任者が直接対応してくれるというのは、お客様にしても〝きちんと対応してくれている〟〝大切にしてもらえている〟という気持ちになります。小さなクレームであっても、責任者が帰りにお見送りするなど、丁寧な対応をしましょう。

083

他のお客様に迷惑をかけるお客様にはやわらかく注意する

お客様だからといってすべてを許すわけにはいきません。他のお客様に対して迷惑をかけている場合は、店側が毅然と注意しましょう。店内で携帯電話を使う、大声で話す、酔って隣のお客様にからんでいく、店内を走り回る子どもなど、そのままにしてしまったら他のお客様からの信頼を失ってしまいます。

その場合、「申し訳ございませんが、他のお客様のご迷惑になりますので、もう少々お静かにお願いいたします」と、冷静に丁寧に対応します。宴席の場合は、枝豆などちょっとしたサービス品を持って、「もう少しお静かに」とやわらかくお願いするのも効果があります。あまりにひどい場合は、店の責任者が注意することも必要です。

084

ぐずる子どもには
お菓子やおもちゃを

大人が食事中にお子様がぐずりだした場合、少しでもゆっくり食事を楽しんでもらうための店側の工夫があれば大人にも喜んでもらえます。ミニゼリーやキャンディなどお菓子や、塗り絵やシール、ミニおもちゃなど、その場で楽しめるちょっとしたプレゼントはしばらくの間、間が持てるので効果があります。

ただし、お子様に与えるおもちゃや食べ物に過敏なご両親もいらっしゃいますので、お子様にお渡しする前に必ずご両親に渡してよいかの確認を取りましょう。

085

お客様には常に目配り、気配りを

お客様から「すみません」と声をかけられてから対応するのではなく、声をかけられる前に、お客様が何を望んでいるのか先回りして動くのがサービスの醍醐味です。

そのためには、常に客席に目を配ること。お客様は目の動きや動作で何を欲しているかサインを出しています。料理や飲み物を追加したい、お水がほしい、お会計したい、空調が効きすぎているなど、そうしたサインを見逃さずに、気の利いたサービスを心がけましょう。

086

忘れ物は透明の保存袋で保管しておく

お客様がお帰りになる際は、手荷物や暑くなって脱いだ上着、傘など忘れ物がないか確認します。意外に多いのが携帯電話の忘れ物で、テーブルやイスの上に置きっぱなしにされることがあります。

忘れ物があった場合は、連絡先がわかっている場合はご連絡を差し上げます。大きい荷物以外の忘れ物は透明なジッパー付きの保存袋に入れてしばらくの間、保管しておきます。どんなものであってもお客様の大切な持ち物だということを忘れずに扱いましょう。忘れ物を受け取りに来たお客様にもその気持ちは伝わります。

087

お客様同士のいざこざに対応する

ちょっとしたことでキレるお客様も中にはいらっしゃいます。気に入らないと大声を出したり、ちょっかいを出したり、お客様同士のいざこざが起きた場合、常識があれば双方の話を聞くだけでも落ち着きを取り戻すこともあります。

お電話ありがとうございます！

PART 7

好感度をアップする対応術

少し耳にしまして気持ちばかりですが
ここでお祝いさせていただいてもよろしいですか？

088

第一声は「お電話ありがとうございます！」

受話器を取ったら、「お電話ありがとうございます」と元気よく。店にかかってくる電話はどの電話もお客様からのお電話だと思いましょう。実際、予約や問い合わせの電話であることが多いのですから、お客様が来店したのと同様に応対します。気持ちのいい第一声で、お客様も安心することができます。ボソボソと何を言っているのかわからないような話し方ではなく、ハキハキとした声で感謝の気持ちを込め、「お電話ありがとうございます!」という第一声で電話を取りましょう。

089

コール音は3回まで

料理やお客様から電話がかかってくるタイミングは、営業中の忙しい時間であったり、仕込み真っ最中の時間であったりとさまざまです。心がけたいのは、余裕のない時間帯であっても、電話がかかってきたら、コール音が3回鳴るまでに取るということ。

電話がかかってきた瞬間に取っては電話をかけてきた相手も心の準備ができていないので、1回〜3回を目安に電話に出ます。それ以上では、電話をかけてきた相手ばかりでなく、店内にいるお客様も「なぜ出ないのか」と気になり始めます。

090

声のトーンは一段上げて

問い合わせや予約の電話など、店にかかってくる電話はお客様からのものが多いのですから、電話の対応も接客の一つです。お客様をお迎えする時と同様に、電話を取る時も声のトーンを上げて明るく対応します。

声だけで接客するのですから、ボソボソと何を言っているのかわからなかったり、低い声で話したりしては、店の印象も悪くなってしまいます。

顔が見えない分、普段の声より一段高い声を意識して電話に出ましょう。

電話であっても、お話する時には明るく笑顔で話すと、自然に声も明るくなります。

091

予約の電話は、必ず内容確認を！

予約の電話には、勘違いや行き違いがないよう、慌てずにゆっくり丁寧に対応しましょう。なるべく聞き返しが少なくなるよう、わかりやすい予

約ノートを作り、そこにきちんと記入します。お伺いする内容は大体次の通りです。

・予約日、時間、人数
・お席の希望
・お客様の名前、連絡先
・料理の希望など

連絡先は当日連絡の取れる電話番号をお聞きします。万が一、お客様がいらっしゃらなかったり、忘れ物をされたりした場合に対応するためにも予約時に確認しておきます。最後に予約内容を復唱することを忘れずに。店だけでなく、お客様の思い違いなども改めて確認することで、突然のキャンセルを防ぐことにもつながります。

092

電話で、お客様をお待たせしない

電話に出た新人スタッフが混み入った予約や問い合わせに応えられないときは速やかにベテランスタッフに変わります。このとき、「少々お待ちくださいませ」とすぐに保留ボタンを押し、スタッフ同士の会話や厨房の騒がしさが電話の向こうに伝わらないようにします。そこに人がいないからと言って、普段のスタッフ同士の会話が漏れないようにしましょう。

また、手が離れないからといってお客様を延々お待たせしたり、担当者をたらいまわしにしたりして、お客様をイライラさせないようにします。お待たせするくらいなら、一度電話を切り、こちらからかけ直します。

093 電話対応で注意事項もろもろ

お客様からかかってきた電話は、お客様が電話を切るまでこちらは受話器を置いてはいけません。お客様の電話が切れたのを確認してからこちらも切ります。

店のスタッフに取り次ぐ場合は、上司や先輩であっても必ず「○○ですね」と呼び捨てにすること基本です。電話が切れるまで相手は聞いているものです。周りで大声で話したりすることがないよう、周りの協力も必要です。

094

満席の場合は日時の別提案を

せっかく予約の電話をいただいても、予約が重なってしまうことはあります。満席の場合は「申し訳ございません。あいにく満席でございます。」とお断りするだけでなく、「何時からでしたらご案内できます」と、可能な限り、ご案内します。それも難しい場合は、「申し訳ございません。またのご利用をお待ちしております」と心を込めて謝意を伝えましょう。忙しいからといって決してぞんざいにお断りすることのないように。団体のご予約が重なってしまう場合は、日時の変更の提案などもしてみます。

095 お客様リストを作る

販促にダイレクトメールを利用している店も多いと思います。ＤＭ用リストは来店されたお客様からできるだけ名刺をもらうことで、リストを充実させていくことができます。

新忘年会や歓送迎会のシーズンのパーティープランなど、お客様の需要の高い時期だけでなく、新メニューや季節メニューのお知らせなどにも利用するといいでしょう。

096

お客様の利用目的を聞く

団体様の宴会やパーティーでは、集まりの趣旨を聞いておくと、サービスがしやすくなります。新年会、忘年会、還暦のお祝い、歓送迎会、同窓会、ウエディング、法事、誕生祝いなど、様々な利用目的に応じて店の配慮や特別なサービスがあると、大変喜ばれるものです。また、しきたりが薄れてきたとはいえ、祝儀不祝儀などは本来、決まり事が多いもの。料理もお祝いやお悔やみの気持ちを添えられるものを店側から提案できるようにしておきます。

097

お客様の記念日にはサービスを！

少し耳にしまして気持ちばかりですが
ここでお祝いさせていただいてもよろしいですか？

誕生日や結婚記念日、入学のお祝いなど、記念日に利用してくださるお客様には、何かしらお祝いの気持ちを伝えたいものです。最近では、誕生日サービスを行う店も増えてきました。デザートプレートや写真のサービス、スタッフの歌のサービスなど特別なサービスはお客様もうれしいものです。予約の際に「○○の誕生に利用したい」とおっしゃるお客様も特別なサービスを期待しています。そうした予約でなくても、お客様同士の会話から今日は何かのお祝いなのだとわかる時があります。その時は、「少し耳にしまして、気持ちばかりですが、ここでお祝いさせていただいてもよろしいですか？」と、お声がけしてお祝いして差し上げます。お客様と店との距離も縮まります。

結婚記念日、お誕生日などをお祝いした際は、必ずデータとして残しておき、次につなげるようにしましょう。

飲食店・ホテル旅館の

飲食を楽しくする
プロの接客サービス帳

挨拶からクレーム処理まで、すぐに身につく

発行日　　平成 28 年 9 月 1 日　初版発行

著　　者　大田忠道《おおたただみち》
制 作 者　永瀬正人
発 行 者　早嶋　茂
発 行 所　株式会社旭屋出版
〒 107-0052　東京都港区赤坂 1-7-19　キャピタル赤坂ビル 8 階
電　話　03-3560-9065（販売部）
03-3560-9066（編集部）
F A X　03-3560-9071（販売部）
郵便振替　00150-1-19572
旭屋出版ホームページ　http://www.asahiya-jp.com

編　　集　駒井麻子
デザイン　國廣正昭
イラスト　大竹孝志

印刷・製本　株式会社シナノパブリッシングプレス

ISBN978-4-7511-1225-0　C0077